DE L'ORGANISATION PRATIQUE

DES TUTELLES

En vue de diminuer la criminalité de l'Enfance abandonnée.

Rapport lu au Comité de Défense des Enfants traduits en Justice

Par M. Achille VARIN

AVOCAT A LA COUR D'APPEL

Extrait de la *Gazette du Palais* du 4 Juin 1896.

PARIS

AUX BUREAUX DE LA *GAZETTE DU PALAIS*

3, BOULEVARD DU PALAIS

1896

DE L'ORGANISATION PRATIQUE

DES TUTELLES

En vue de diminuer la criminalité de l'Enfance abandonnée.

Rapport lu au Comité de Défense des Enfants traduits en Justice

Par M. Achille VARIN

AVOCAT A LA COUR D'APPEL

Extrait de la *Gazette du Palais* du 4 Juin 1896.

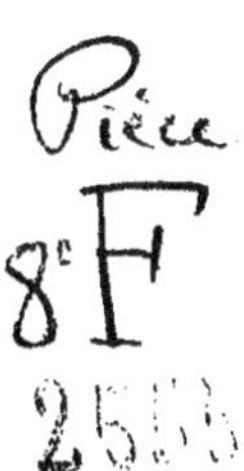

DE L'ORGANISATION PRATIQUE
DES TUTELLES

Le Comité a renvoyé à l'examen d'une commission, composée de MM. Cresson, Guillot, Brueyre, Le Bourdellès, Morel d'Arleux, Tommy Martin et Varin, l'examen des questions soulevées par le rapport de M. Tommy Martin sur l'organisation pratique des tutelles.

Ce rapport, lu à la séance du 13 mars 1895, a été l'objet d'une première discussion à celle du 5 février 1896. Il est inutile d'insister sur l'intérêt que présente la question de l'organisation pratique des tutelles, la meilleure preuve de son importance et de son actualité, c'est qu'au même moment elle s'imposait aux méditations d'un magistrat qui, par suite de ses fonctions au petit parquet (1), a eu sous les yeux quantité d'affaires concernant des enfants, et d'un avocat (2) auquel une suppléance de justice de paix a révélé dans nombre de cas les difficultés résultant du défaut de tutelles.

I

L'importance de la question, l'intérêt qu'il y aurait à pourvoir d'un tuteur les enfants qui n'ont plus ni père ni mère ou d'organiser la tutelle de ceux qui, de par la loi, ont un tuteur ou une tutrice dans la per-

---

(1) M. Le Bourdellès.
(2) M. Tommy Martin.

sonne de leur père ou de leur mère survivant, n'a donc pas *fait l'objet de la moindre discussion* dans la commission ; tout le monde était d'accord sur ce point.

Mais la divergence s'est produite dans les opinions quand on s'est demandé si la question, tout intéressante qu'elle fût, était bien de celles qui devaient être soumises au Comité de défense des enfants traduits en justice.

L'un des membres de la commission a soutenu que l'organisation des tutelles était une question administrative et non une question judiciaire ; que pour les enfants qui n'ont plus ni père ni mère, qui n'ont pas de tuteur, il y a l'Assistance publique et qu'ils ont un tuteur tout trouvé, à Paris, dans la personne du directeur de l'administration générale de l'Assistance publique et, en province, dans celle d'un des membres de la commission administrative de l'hospice dépositaire.

Les autres membres de la commission n'ont pas partagé cette opinion : ils ont fait remarquer que s'il fallait que l'Assistance publique s'occupât de tous les orphelins de père ou de mère, ou de l'un des deux seulement, elle n'y pourrait suffire ; qu'en fait, beaucoup de ces enfants n'étaient pas abandonnés, qu'ils étaient recueillis par un parent, par un ami, par une œuvre de charité privée ; que ce qui leur manquait, c'était un répondant légal, responsable de leurs écarts et ayant par conséquent intérêt à les réprimer.

C'est par ce côté que la question de l'organisation des tutelles a paru à ces membres de la commission se rattacher à l'œuvre générale du Comité de défense des enfants traduits en justice.

Son programme est formé d'études se rattachant à trois périodes bien distinctes : avant l'arrestation, pendant la prévention, après la solution judiciaire.

Le Comité recherche tous les moyens, sinon de tarir au moins de diminuer autant que possible les sources de la criminalité de l'enfance.

La surveillance et la responsabilité d'un tuteur sont certainement un de ces moyens, et c'est pour cela que la grande majorité de la commission a pensé que l'organisation des tutelles, loin de pouvoir être écartée par la position d'une sorte de question préalable, s'imposait à l'étude du Comité.

II

Ce premier point fixé, la commission a abordé l'ensemble des questions soulevées dans le rapport de M. Tommy Martin.

De ce rapport, il résulte que, des enfants qui devraient avoir une tutelle organisée, pour Paris notamment, à peine le quart, le sixième suivant quelques personnes, à peine même le huitième suivant d'autres qui paraîtraient plus près de la vérité, profite de la protection organisée par le Code civil.

Et cela, non pas parce qu'il existe une lacune dans notre législation, mais parce qu'on n'applique pas la loi ou que du moins on ne l'applique qu'incomplètement et dans des cas assez limités, parce qu'on ne se préoccupe guère que des biens des mineurs et pas assez, pour ne pas dire pas du tout, de leurs personnes.

Cependant, pour les mineurs qui ne possèdent rien, un tuteur est indispensable pour les surveiller, les diriger, les réprimer au besoin et de plus, dans trois circonstances particulièrement importantes et graves, son intervention est indispensable : l'apprentissage pour les mineurs des deux sexes, le mariage pour les filles (les garçons ne se mariant que rarement avant vingt-un ans) et l'engagement militaire pour ces derniers.

Cette tutelle, dont l'organisation est si désirable que notre Code en fait une sorte de charge publique, faut-il s'en préoccuper dès la naissance de l'enfant? La commission ne l'a pas pensé pour une double raison, d'abord parce que, sauf de rares exceptions, il n'y aurait lieu de le faire que pour la seule catégorie des enfants naturels, et ensuite parce que la mortalité est malheureusement très grande parmi les enfants du premier âge et qu'un grand nombre de ces pauvres petits êtres ne dépassera pas les premiers mois ou les premières années de l'existence.

Il faut aussi considérer qu'il ne serait pas pratique de s'enquérir dans les mairies, à chaque déclaration de naissance, de la nécessité ou de la non-nécessité de la constitution d'une tutelle et de signaler successivement et pour chaque cas particulier le fait au juge de paix.

Il appartiendra, bien évidemment, toujours au juge de paix, aux termes de l'art. 406, soit d'office, soit sur la réquisition d'un parent ou d'un intéressé, soit même sur la dénonication de toute personne, de provoquer l'organisation de la tutelle de tout enfant qui ne naîtrait pas sous l'administration légale de son père légitime ou qui tomberait en tutelle à une époque plus ou moins rapprochée de sa naissance.

Mais il y a, comme l'a fait remarquer un des membres de la commission, M. Morel d'Arleux, une époque dans la vie de l'enfant qui présente un moyen de dresser d'une façon pratique et d'ensemble la liste des enfants qui devraient être pourvus d'un tuteur, c'est l'âge de la scolarité. Aux termes de la loi du 28 mars 1882 sur l'enseignement primaire obligatoire pour les enfants de six à treize ans, quinze jours au moins avant la rentrée des classes le père, le tuteur, la personne qui a la garde d'un enfant, le patron chez qui l'enfant est placé doit faire savoir au maire s'il entend faire donner à l'enfant l'instruction dans la famille ou dans une école publique ou privée (art. 7).

Chaque année, le maire dresse, d'accord avec la commission municipale scolaire, la liste de tous les enfants âgés de six à treize ans et avise les personnes qui ont charge de ces enfants de l'époque de la rentrée des classes (art. 8).

La circulaire du 7 septembre 1882, du ministre de l'instruction publique et des beaux-arts, relative à l'application de la loi du 28 mars, indique que les éléments essentiels de ce travail sont fournis par les listes mêmes du dernier recensement officiel de la population.

En dressant la liste scolaire, il serait facile aux maires de voir quels sont, parmi les enfants soumis à l'obligation, ceux dont la situation nécessite l'organisation de la tutelle et de s'assurer s'ils sont ou non pourvus d'un tuteur.

Ils devraient être invités par une circulaire ministérielle à en dresser la liste et à la transmettre au juge de paix.

Quant aux enfants qui ont dépassé l'âge de treize ans et pour lesquels, de cet âge jusqu'à la majorité, la mort de leur père ou de leur mère peut donner ouverture à la tutelle, il suffirait, pour les connaître, de demander dans les mairies, à chaque déclaration de décès d'une personne mariée ou veuve, si le défunt ou la défunte laisse des enfants mineurs et, chaque fois qu'il en serait ainsi, de dire que le maire devra aviser le juge de paix.

Tel est le moyen, en somme simple, pratique et parfaitement réalisable, que la commission propose pour que les juges de paix soient avertis de tous les cas dans lesquels il y a lieu à constitution de tutelle.

Mais n'y a-t-il pas à craindre que ces magistrats, surtout dans les centres populeux, soient absolument débordés et dans l'impossibilité matérielle de suffire à ce surcroît d'occupations jointes à celles qu'ils ont déjà?

La commission a eu cette crainte et elle a pensé qu'il y aurait lieu, pour venir en aide aux juges de paix dans ces constitutions de tutelles, pour rechercher les parents ou à défaut de parents les amis qui devraient constituer le conseil de famille, pour lui indiquer la personne qui pourrait être chargée de la tutelle, en un mot pour lui apporter les affaires toutes préparées, de lui donner des collaborateurs.

Ces collaborateurs indispensables seraient les membres d'une commission dite *commission cantonale de l'organisation des tutelles*, qui devrait être instituée dans chaque justice de paix.

Cette commission serait composée de six membres au moins nommés moitié par le préfet sur une liste dressée par le conseil général pour chaque canton et comprenant douze noms pris parmi les maires, délégués cantonaux et membres des commissions scolaires, et moitié par le tribunal civil parmi les anciens magistrats, avocats ou anciens avocats, notaires ou anciens notaires, officiers ministériels ou anciens officiers ministériels, fonctionnaires ou anciens fonctionnaires de l'enregistrement ou de l'administration des finances.

Elle aurait pour président le juge de paix et pourrait s'occuper, en cas de nécessité, de tous les mineurs, même de ceux qui n'auraient pas atteint l'âge scolaire ou qui l'auraient dépassé.

Les fonctions des membres des commissions cantonales d'organisation des tutelles seraient absolument gratuites et charitables.

Sans rien innover, par la seule application des art. 405 et 406 du Code civil facilitée par les indications fournies aux juges de paix par les maires et par l'intervention des commissions cantonales de tutelles, grâce à la réduction des sommes à débourser résultant de la loi de finances de 1892 qui a dispensé les avis de parents des frais de timbre et d'enregistrement, au moyen de l'assistance judiciaire dans les cas où les frais subsistant seraient encore trop lourds, et par l'allocation aux greffiers de justices de paix, pour les rendre favorables, d'une légère rétribution à prendre sur les fonds départementaux ou communaux, on arrivera certainement à régulariser la situation du plus grand nombre des mineurs qui se trouvent dans le cas d'être pourvus de tuteurs.

On ne peut cependant pas espérer, même avec ces appels aux familles et aux amis, émanant des membres des commissions de tutelle, voir toutes les situations régularisées. Assurément, le plus grand nombre des enfants sera pourvu de tuteurs, mais il en restera encore qui, sans être dans le cas d'être remis à l'Assistance publique, n'auront pas de parents ou d'amis, au moins en nombre suffisant, pour constituer un conseil de famille ; il sera rare de ne pas trouver, à défaut de parents, aux moins six amis de la famille ; il sera rare qu'un enfant absolument sans parents et sans amis et non remis à l'Assistance publique, n'ait pas été accueilli par une association de bienfaisance ou un particulier charitable qui, association ou particulier, peut et devrait toujours se faire attribuer, aux termes de la loi du 24 juillet 1889 (art. 19 et 20) tout ou partie des droits de la puissance paternelle ; mais enfin le cas, bien qu'exceptionnel, se présentera et alors, mais pour ce cas seulement, il faudrait recourir à une disposition législative.

A l'instar de ce qui a été fait il y a bien longtemps pour les enfants remis à l'Assistance publique, qui ont pour conseil de famille la commission de l'hospice et pour tuteur un des membres de cette commission(1), on pourrait édicter que les enfants dont il aurait été impossible d'organiser la tutelle conformément aux dispositions du Code civil auraient pour conseil de famille la commission des tutelles fonctionnant auprès de chaque juge de paix et pour tuteur un membre de cette commission (2).

Comme les tuteurs institués en vertu de la loi du 24 juillet 1889, les tuteurs pris parmi les membres des commissions de tutelles devraient être dispensés de l'hypothèque légale, sauf pour les tribunaux à ordonner la constitution d'une hypothèque générale ou spéciale jusqu'à concurrence d'une somme déterminée au cas, probablement fort rare, où le mineur posséderait ou serait appelé à recueillir des biens.

---

(1) Loi des 15-25 pluviôse an XIII (4-14 février 1805).
Art. 1er. — Les enfants admis dans les hospices, à quelque titre et sous quelque dénomination que ce soit, seront sous la tutelle des commissions administratives de ces maisons, lesquelles désigneront un de leurs membres pour exercer, le cas échéant, les fonctions de tuteur et les autres formeront le conseil de tutelle.

(2) Un membre de la commission, M. Morel d'Arleux, préfère la tutelle collective de la commission à la tutelle déléguée à l'un de ses membres.

Il serait aussi bien important, comme le demande M. Le Bourdellès dans l'intéressant article sur l'organisation des tutelles inséré dans la *France judiciaire*, numéro de juin 1895, quand il n'existe à l'ouverture de la tutelle aucune valeur susceptible d'être inventoriée, de pouvoir le constater sans frais et aussi simplement que possible, et, comme il le demande, un procès-verbal de carence pourrait être dressé par le maire de la commune en présence du tuteur et du subrogé-tuteur ; ce procès-verbal, qui tiendrait lieu de l'inventaire prescrit par l'article 451 du Code civil, serait déposé au greffe de la justice de paix. Cette petite réforme serait des plus utiles au point de vue pratique.

Grâce à cet ensemble, Assistance publique avec application de la loi du 15 pluviôse an XIII, du décret du 19 janvier 1811 et de la loi du 19 janvier 1849, personnes charitables avec application de la loi du 24 juillet 1889, commissions de tutelle avec application des dispositions du Code civil et au besoin d'une disposition nouvelle faisant de ces commissions les conseils de famille des mineurs auxquels il serait absolument impossible de trouver six parents ou amis, tous les mineurs pourraient être surveillés, dirigés, conseillés, réprimés au besoin et certainement on pourrait concevoir l'espérance de voir diminuer, dans une notable proportion, le nombre des jeunes délinquants et des jeunes criminels.

Rien que cette espérance est faite pour mettre en mouvement toutes les bonnes volontés et tous les concours ; vienne la confirmation de l'expérience et chacun regardera comme un devoir social de contribuer à l'organisation de tutelles qui, lorsqu'il n'y a pas de biens à gérer, auront pour but de sauvegarder la personne même de l'enfant.

III

S'il importe de constituer les tutelles, il n'est pas moins intéressant de favoriser la reconnaissance des enfants naturels.

Beaucoup de pères naturels, beaucoup de mères naturelles se figurent que la seule indication de leur nom dans l'acte de naissance de l'enfant constitue de leur part sa reconnaissance, et on les étonne grandement quand, à un moment donné, on est obligé de leur dire que, pour que la reconnaissance existe, il faut qu'elle ait été spécialement formulée.

Il arrive même que, n'ayant pas reconnu les enfants nés de leur vie commune et n'en ayant pas indiqué l'existence au moment où ils régularisaient leur situation par le mariage, des parents naturels, par cette regrettable et irréparable omission, n'ont pas fait produire à leur mariage les effets de légitimation qu'il devait entraîner.

Il serait donc tout à fait utile de renseigner, au moment de la déclaration de naissance, les parents naturels, soit que le père lui-même se présente à la mairie pour faire cette déclaration, soit qu'elle émane de l'une des personnes qui doivent la faire à défaut du père.

Mais les interrogations faites et les conseils donnés aux déclarants par les employés de mairies, comme le demande M. Tommy Martin dans son rapport, ne paraissent pas le meilleur moyen pour arriver au résultat souhaité. Certes, ainsi qu'il l'indique, on trouve jusqu'aux plus humbles degrés de l'échelle hiérarchique des représentants de l'administration ayant l'amour de leur emploi, la passion du devoir bien rempli.

Tout en applaudissant à ces modestes et précieux dévouements, il ne faut pas cependant trop compter sur eux et il faut aussi faire la part de la routine et de l'indifférence.

On pourrait craindre en outre que cette intervention des mairies dans les décisions à prendre par les parents naturels n'eût pour effet de détourner les pères naturels de faire eux-mêmes la déclaration dans la crainte d'être acheminés forcément vers une reconnaissance ultérieure.

Il serait beaucoup plus pratique et plus sûr d'avoir recours à une courte notice imprimée indiquant l'intérêt de la reconnaissance des enfants naturels, avertissant qu'elle doit être faite soit au moment de la naissance, soit plus tard, par une déclaration à faire devant un officier de l'état civil, un juge de paix ou un notaire, et indiquant que l'enfant naturel peut être légitimé par le mariage subséquent de ses père et mère lorsque ceux-ci l'auront légalement reconnu avant leur mariage ou qu'ils le reconnaîtront dans l'acte même de célébration.

Si le père déclarait lui-même la naissance, il lui en serait remis deux exemplaires, un pour lui et un pour la mère.

Au cas de déclaration par une personne autre que le père, les deux exemplaires seraient remis à cette personne avec invitation de les faire parvenir au père et à la mère.

Une fois les déclarations faites et quand les indications relatives au père et à la mère seraient acquises, en émulation avec certaines sociétés charitables qui le font déjà, les commissions établies auprès de chaque justice de paix pour l'organisation des tutelles pourraient compléter leur œuvre de bienfaisance et de préservation sociale en facilitant la reconnaissance des enfants et le mariage des parents.

Tel est le résumé des délibérations de la commission chargée d'examiner le rapport de M. Tommy Martin sur l'organisation pratique des tutelles, et de ces délibérations découlent naturellement les propositions suivantes :

Première proposition. — Chaque année, en dressant d'accord avec la commission scolaire la liste de tous les enfants de six à treize ans, le maire en extraira une seconde liste de ceux de ces enfants dont la tutelle devrait être organisée et la transmettra au juge de paix et au procureur de la République.

Deuxième proposition. — A chaque vérification de décès d'une personne mariée ou veuve, le maire s'informera si le défunt ou la défunte laisse des enfants mineurs et, le cas échéant, en avisera le juge de paix et le procureur de la République.

Troisième proposition. — Il sera institué auprès de chaque justice de paix une commission composée de six personnes au moins qui aura pour mission de faciliter l'organisation des tutelles.

Quatrième proposition. — Au cas où il serait complètement impossible de constituer le conseil de famille d'un enfant, d'après une disposition législative à intervenir, la commission des tutelles lui en tiendrait lieu et lui choisirait un tuteur parmi ses membres.

Le tuteur ainsi nommé, à moins d'une décision du tribunal, serait dispensé de l'hypothèque légale.

Cinquième proposition. — Lors de la déclaration de naissance d'un enfant naturel, il sera remis au déclarant deux exemplaires, destinés au père et à la mère, d'un avis relatif à la reconnaissance des enfants naturels et à leur légitimation par mariage subséquent.

Sixième proposition. — La commission établie auprès de chaque justice de paix pour l'organisation des tutelles s'emploiera à faciliter la reconnaissance des enfants et le mariage des parents.

A. VARIN.

Paris. — Typ. A. DAVY, 52, rue Madame. — *Téléphone*.